PHOTOGRAPHIES DE CARLOS PARDO & ILOÉ

TCHERNOBYL
25 ANS APRÈS
мирный атом

CFSL INK

SOMMAIRE

P8 ZONE D'EXCLUSION

P32 PISCINE

P44 JUPITER, ADMINISTRATION

P62 JUPITER, USINE

P74 HÔPITAL

P90 TCHERNOBYL

P102 JARDIN D'ENFANTS

P132 STADE

P140 CENTRE CULTUREL

P156 COLLÈGE

P186 CARTOGRAPHIE

Aux liquidateurs, ces héros oubliés.

LE 26 AVRIL 1986...

Le réacteur nucléaire n°4 de la centrale de Tchernobyl explose, envoyant dans l'atmosphère des milliards de particules radioactives. Seuls deux accidents nucléaires sont classés 7 sur l'échelle INES, soit le niveau le plus élevé : Fukushima en 2011, et Tchernobyl, dont les conséquences humaines, géographiques et biologiques dureront encore des centaines d'années.

La centrale Lénine se situe au nord de l'Ukraine, à une quinzaine de kilomètres de la petite ville de Tchernobyl. Lors de la construction de la centrale en 1970, une ville nouvelle est fondée à 3 km afin de loger le personnel y travaillant : Pripyat et ses 50 000 habitants, une "ville de l'atome" consacrée à une énergie nucléaire non militaire.

Les réacteurs de la centrale nucléaire étaient de type RBMK, modèle soviétique connu pour être particulièrement instable. L'accident s'est produit dans un contexte géopolitique de guerre froide et de course à l'armement qui laissait aux dirigeants toute latitude de courir des risques importants, pourvu que les résultats dépassent les espérances du régime soviétique. La nuit du 26 avril, une expérience visant à tester l'alimentation électrique de secours du réacteur est prévue. La puissance de ce dernier chute, et, afin de le relancer, les opérateurs bloquent plusieurs sécurités, perdant le contrôle du réacteur, qui explose. Le cœur du réacteur prend feu, et le brasier, brûlant à 3700°C, projette des débris radioactifs jusqu'à 10 km de hauteur. Les pompiers sont appelés et viennent sans équipement spécialisé. Ils parviennent à maîtriser l'incendie des bâtiments, mais ne peuvent rien contre celui du réacteur. La majorité des pompiers, gravement irradiés, sont évacués et meurent pour la plupart dans les jours qui suivent. L'incendie n'est maîtrisé qu'après une dizaine de jours, grâce à des hélicoptères qui lancent des sacs de sable dans la fournaise, afin d'étouffer le feu et d'empêcher toute réaction nucléaire.

Pendant cette lutte contre le réacteur n°4, la vie continue juste à côté, dans la ville de Pripyat. Le 26 avril, la population n'est pas prévenue de l'accident et poursuit ses activités habituelles sans prendre de précautions particulières. Le 27 avril, l'évacuation est finalement décidée pour 14 heures. Des comprimés d'iode sont distribués afin de limiter les futurs problèmes de thyroïde. Les autocars s'arrêtent en bas de chaque immeuble, les habitants ne sont autorisés qu'à prendre le strict minimum, car on leur promet qu'ils seront de retour sous 2 ou 3 jours. Au total, ce sont 250 000 personnes de Biélorussie, de Russie et d'Ukraine qui seront déplacées entre avril et décembre 1986 et ne reviendront pour la plupart jamais.

Entre mai 1986 (le temps de mettre en branle la machine soviétique ; la majeure partie des appelés étaient des réservistes de l'armée de l'URSS) et décembre 1988, environ 700 000 personnes sont envoyées depuis les quatre coins de l'URSS dans la zone afin de procéder au nettoyage des terrains contaminés. Leur protection contre les radiations est faible et inadaptée. Ceux que l'on nomme les liquidateurs sont chargés de la construction du sarcophage autour du réacteur détruit, du nettoyage des véhicules et de la zone. "Ils enterrent les récoltes contaminées, ils enterrent les villages, ils enterrent la terre elle-même" écrit la journaliste biélorusse Svetlana Alexievitch dans son livre La Supplication : Tchernobyl, chronique du monde après l'apocalypse.

Ils détruisent les habitations afin que la population ne soit pas tentée de revenir vivre dans ces régions extrêmement polluées. La contamination des territoires n'est pas homogène autour de la centrale, elle est au contraire en "tâches de léopard", dessinées par les pluies radioactives provenant des nuages contaminés lors de l'explosion. Ainsi, une zone d'environ 30 kilomètres autour de la centrale ainsi que des secteurs plus au nord-est, en Biélorussie et en Russie, sont fermés à la population.

La zone d'exclusion s'est au fur et à mesure transformée en gigantesque réserve naturelle. Les animaux y pullulent, protégés de leur plus grand prédateur naturel, l'homme. Certaines espèces s'accommodent plutôt bien de leur environnement radioactif et des animaux devenus très rares en liberté, comme les chevaux de Przewalski ou les loups, sont venus s'installer dans la région. C'est ainsi qu'un haut lieu de la technologie soviétique dans les années 1980 se transforme en îlot où la nature reprend petit à petit ses droits.

Quel bilan pouvons-nous dresser actuellement du drame de Tchernobyl ? 300 décès, 5000 cancers imputables directement aux radiations ; les avis sont ensuite partagés. L'évacuation forcée d'une population importante et la précarité qui en a découlé a fortement dégradé la qualité de vie des anciens habitants de la zone. Ceci est difficilement quantifiable et n'est pris en compte qu'à demi-mot dans les conséquences sanitaires de l'accident.

Mikhaïl Gorbatchev, président de l'URSS au moment de la catastrophe, estimait en mars 2011 que "toute la mesure de cette tragédie, qui nous rappelle de manière choquante la réalité de la menace nucléaire, n'avait pas été prise".

PRÉFACE

Depuis plusieurs années, Carlos et moi photographions ces lieux où le temps continue à s'écouler alors même que la vie humaine s'est arrêtée : friches, zones abandonnées, usines désaffectées… Nous ne sommes pas là pour dénoncer l'utilisation de l'énergie nucléaire, ni regarder et vendre la misère et la détresse des habitants de cette zone. Il s'agit plutôt d'un témoignage par l'image de l'évolution de ces endroits après leur abandon. Traverser ces sites fantômes qui acquièrent avec le temps une beauté chaotique, une patine due à l'évolution des éléments qui les composent, est une expérience photographique unique, un paradoxe temporel où l'instant présent capturé sur le cliché révèle la vie passée du lieu et laisse entrevoir son avenir.

Visiter Tchernobyl, nous y réfléchissions depuis longtemps. Cette expédition est née d'une envie persistante et de la rencontre avec un ingénieur travaillant sur la conception de centrales nucléaires, qui nous a donné l'occasion de démystifier l'aura de dangerosité du lieu : il nous a permis de balayer les idées reçues, de chiffrer les risques que nous prendrions sur place par rapport à la radioactivité naturelle…

J'avais presque 4 ans lors de l'accident qui, par conséquence, ne m'a pas beaucoup marquée ; sauf que nous étions dans le Jura avec mes parents, à côté d'une grande forêt et que nous avons cessé pendant quelques années d'aller à la cueillette des champignons, à cause du nuage de Tchernobyl.

Un relevé systématique de la radioactivité du fond de l'air lors de la visite a montré que nous avons autant été irradiés pendant notre séjour dans la zone de Tchernobyl que durant les 7 heures de vol aller-retour entre Paris et Kiev : les avions, moins protégés en altitude par l'atmosphère, sont plus exposés à la radioactivité due aux rayons cosmiques. Si les précautions élémentaires sont respectées, comme porter des vêtements couvrants, ne rien toucher et éviter autant que possible de soulever des poussières, les risques de contamination sont extrêmement réduits pour les visiteurs.

Aujourd'hui, la zone périphérique à la centrale est toujours sous contrôle policier. Seule une agence d'État délivre les autorisations nécessaires aux scientifiques travaillant dans la zone, ainsi qu'aux autres visiteurs. Nul n'a le droit de rester de façon permanente à Tchernobyl, les personnes y travaillant à long terme devant respecter un rythme alterné de jours en zone contaminée puis en zone "propre".

Cependant, la visite de la zone montre que le vieillisement du lieu n'est pas dû qu'au passage du temps : les bâtiments ont été systématiquement pillés, les pièces de métal comme les radiateurs ou les fils de cuivre des systèmes électriques arrachés.

Nous avons parcouru la région de Tchernobyl afin de porter un regard objectif sur cette catastrophe majeure du XXe siècle, de photographier ce lieu un quart de siècle après l'accident qui résonne encore dans notre inconscient collectif, à tel point que la moindre actualité sur le nucléaire figure en première place de nos journaux nationaux.

Nous en sommes revenus secoués par ce qu'est devenu cet endroit où tout est resté sur place, des meubles aux affiches en passant par les objets du quotidien, mettant en scène un univers surréaliste au sein duquel chaque immeuble atteste des vies ordinaires qui ont été bouleversées et ont basculé, le 26 avril 1986, dans le chaos.

Iloé

ZONE D'EXCLUSION

51°24'00.65" N   30°03'49.87" E

PISCINE

51°24'24.68" N   30°02'57.52" E

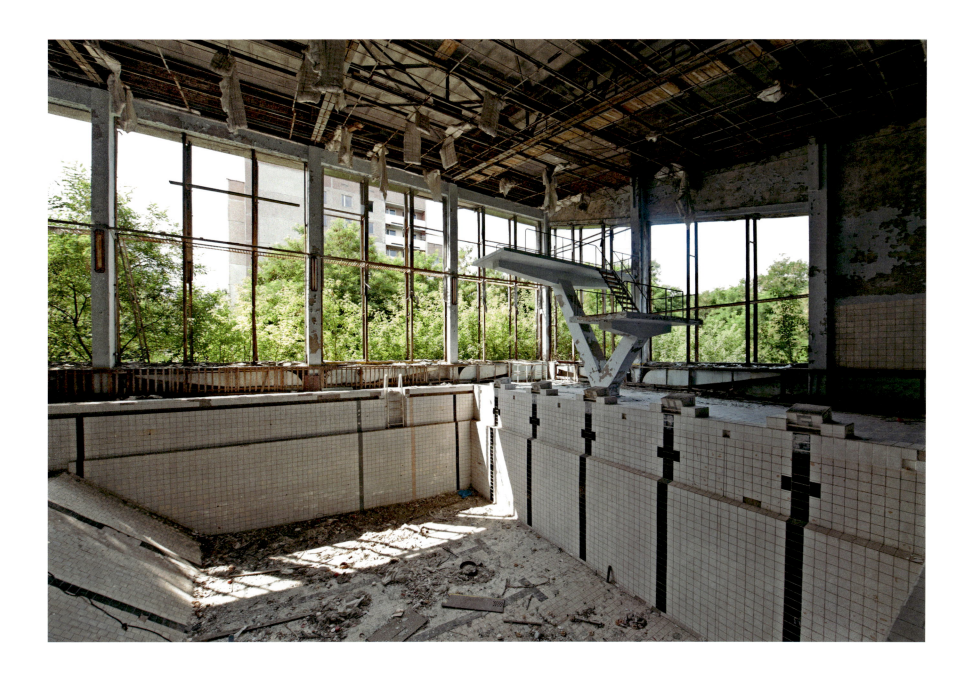

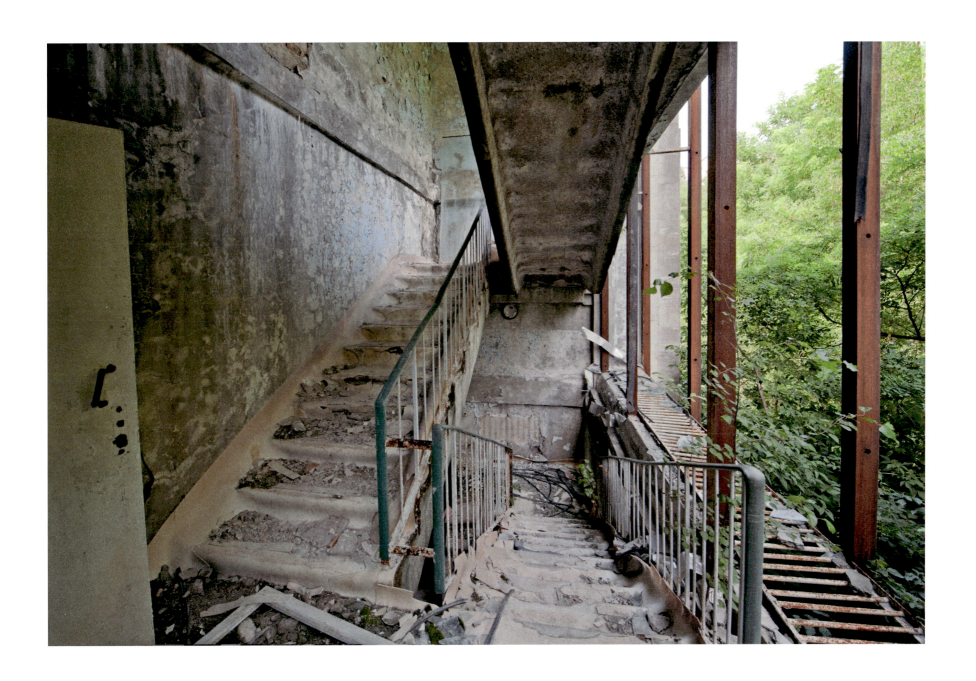

JUPITER, ADMINISTRATION
51°24'11.62" N   30°02'37.02" E

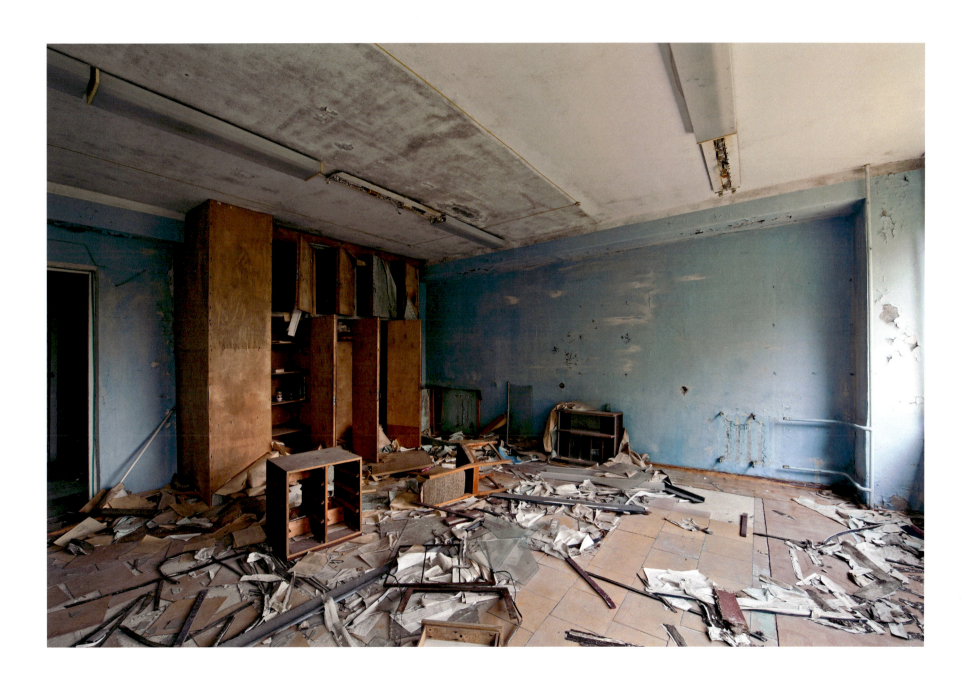

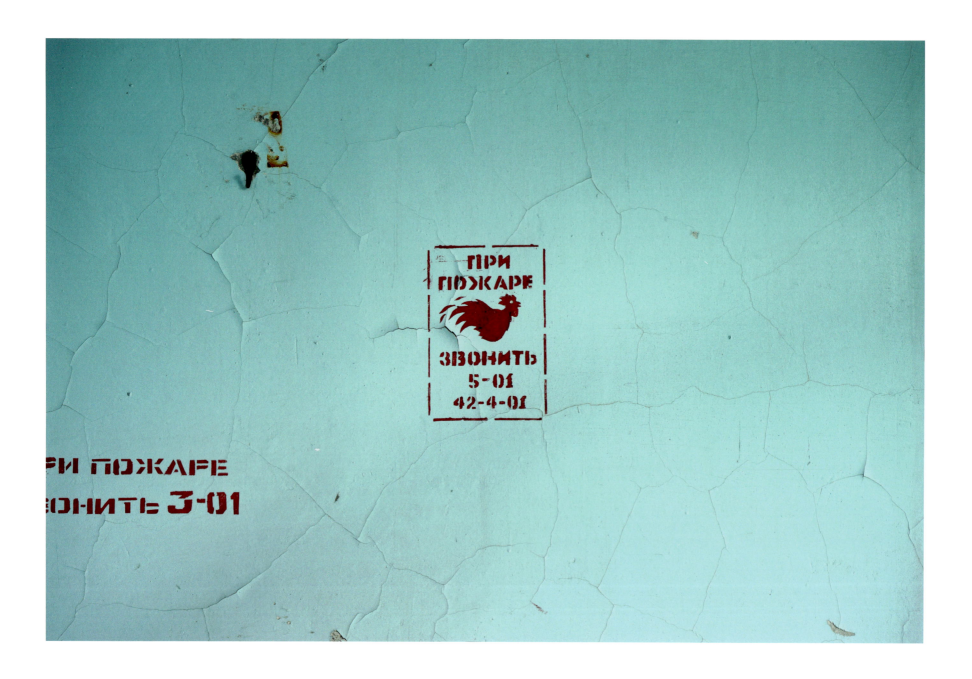

JUPITER, USINE
51°24'09.19" N   30°02'32.51" E

HÔPITAL
51°24'25.54" N   30°03'57.99" E

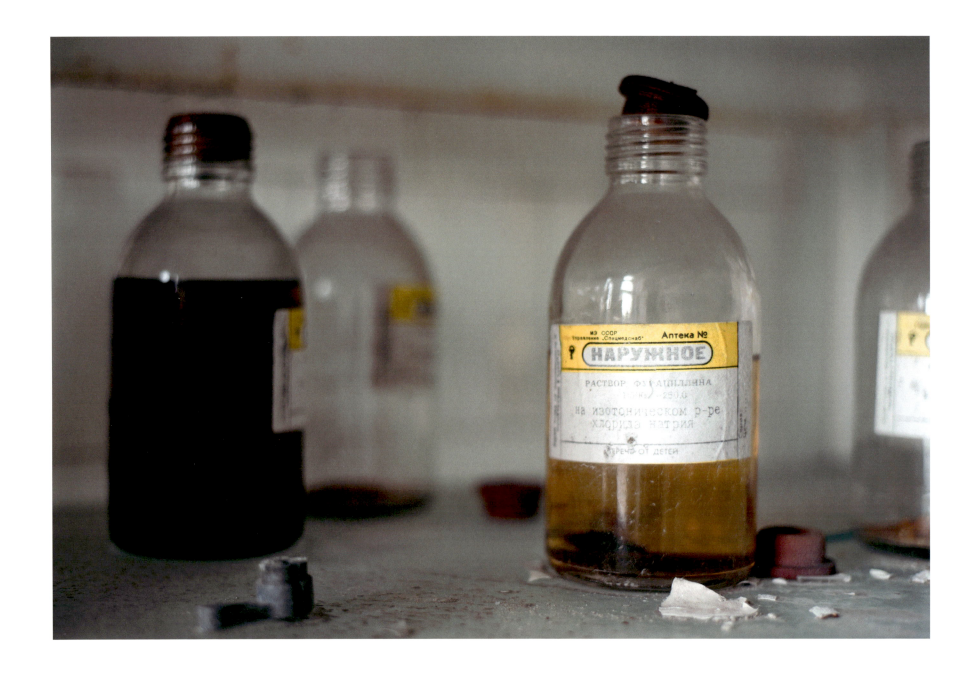

TCHERNOBYL
51°23'22.62" N   30°05'56.77" E

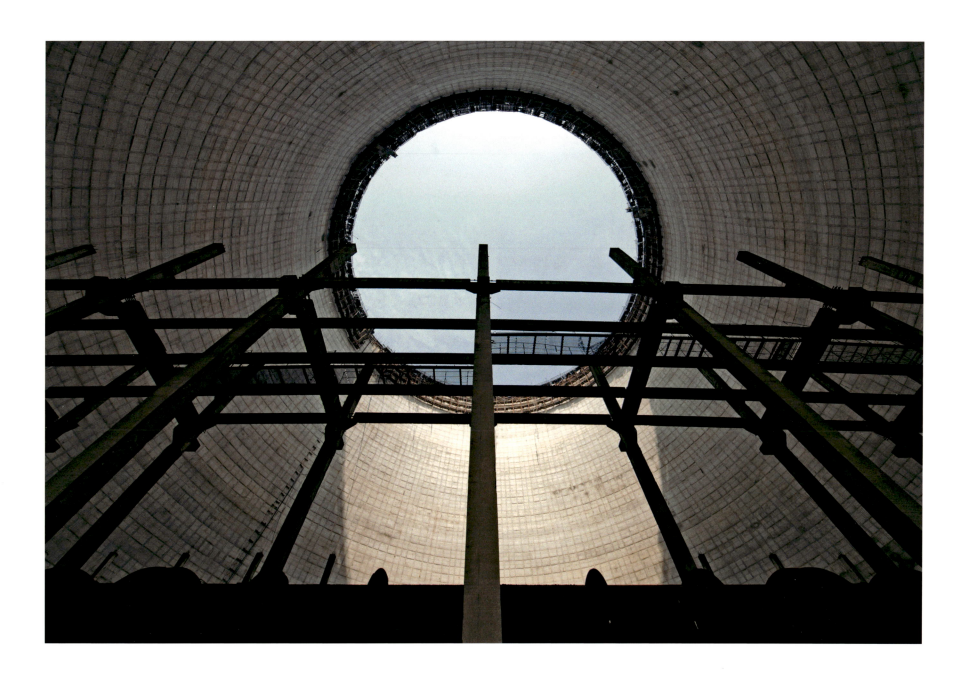

99

JARDIN D'ENFANTS
51°24'15.96" N 30°03'11.68" E

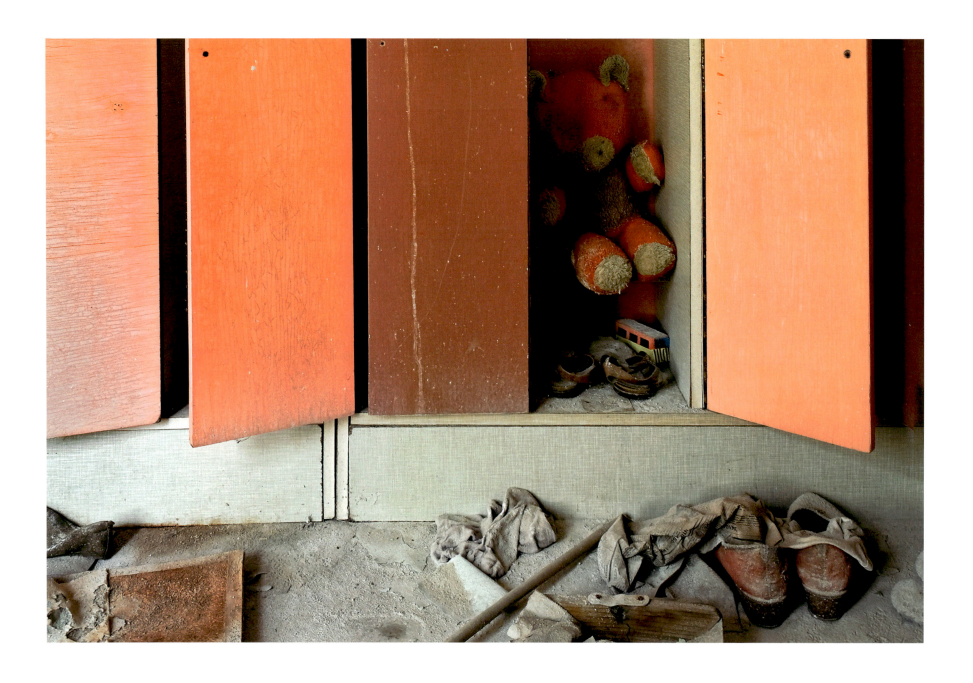

STADE

51°24'39.29" N 30°03'17.16" E

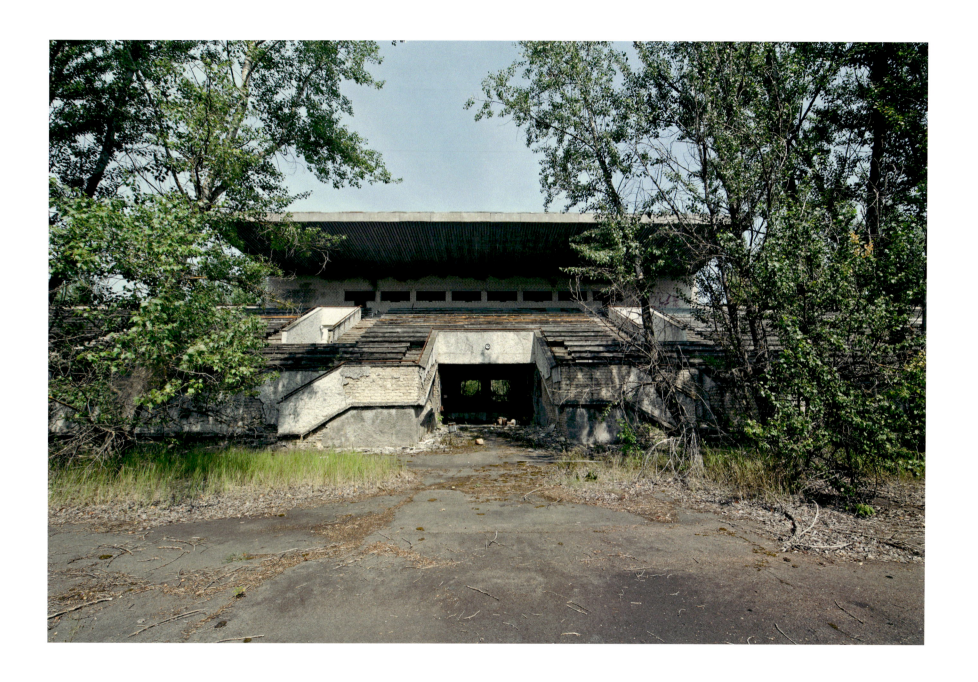

CENTRE CULTUREL
51°24'24.00" N   30°03'21.67" E

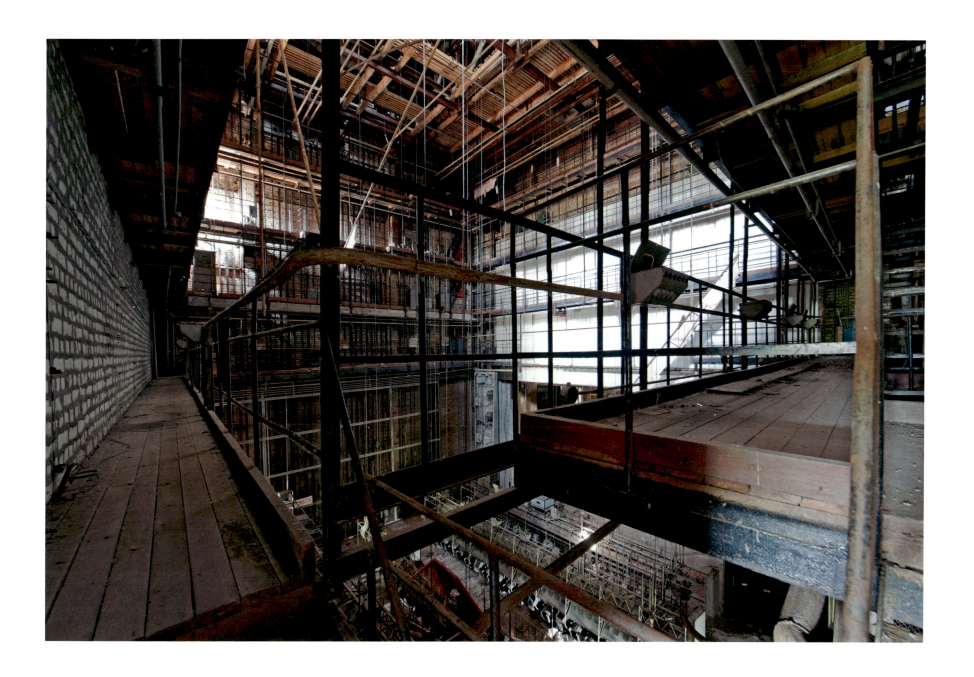

COLLÈGE

51°24'10.08" N   30°03'19.87" E

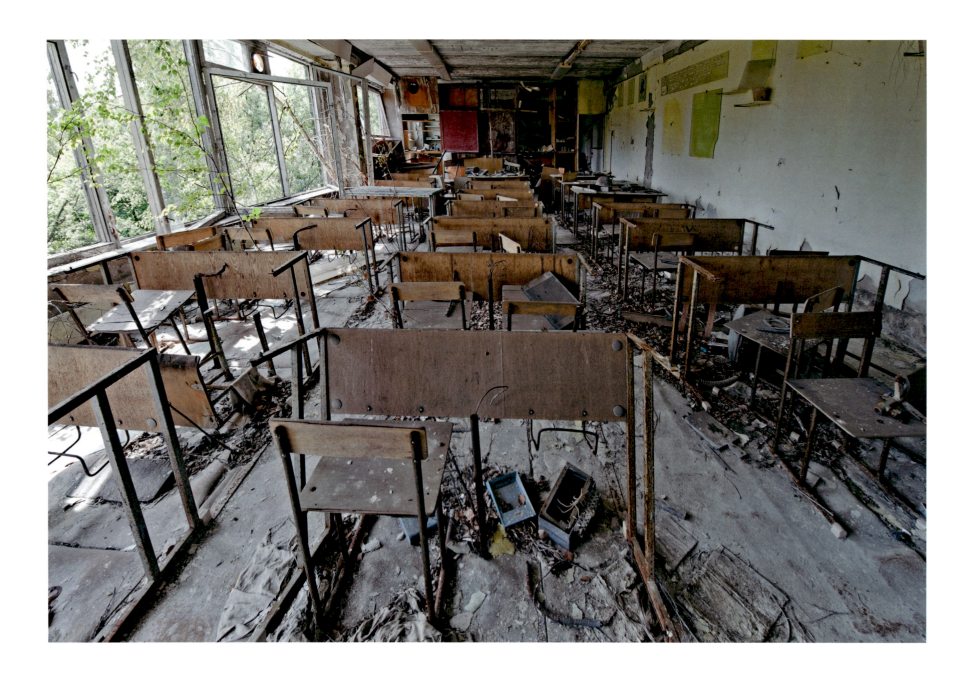

177

PRYPIAT
Припять

Hôpital

 Gare de Yanov

 Collège

 Piscine

 Marché

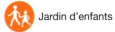 Jardin d'enfants

 Jupiter

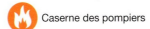 Caserne des pompiers

 Centre Culturel

 Terrain de Jeux

 Stade

 Serres

TCHERNOBYL
Чернобыль

 Entrée Est ville de Prypiat

 Réacteur RBMK n°3 et n°4

 Tours de refroidissement

 Générateurs éléctriques

 Réacteur RBMK n°5 et n°6 (construction stoppée en 1986)

 Ferme Piscicole

REMERCIEMENTS

Nous tenons à remercier chaleureusement nos compagnons de voyage en Ukraine : Benjamin Levi pour son aide technique précieuse, Naël Brun, Antoine Le Bail ainsi que Tatarchuck. Nous dédions cet ouvrage aux liquidateurs de Tchernobyl ainsi qu'à Igor Kostine qui fut le premier photographe à témoigner de l'accident.

www.tchernobyl25ans.fr
www.pardo-photography.com
www.iloe.pro

Corrections : Audrey Briclot

Imprimé par
L.E.G.O. S.p.A. (Italie)
Dépôt légal : Novembre 2011
ISBN : 978-2-35947-029-1
En application des articles L. 122-10 à L. 122-12 du code de la propriété intellectuelle, toute reproduction à usage collectif par photocopie, intégralement ou partiellement, du présent ouvrage est interdite sans autorisation du Centre Français d'exploitation du droit de Copie (CFC, 20, rue des Grands-Augustins, 75006 Paris). Toute autre forme de reproduction, intégrale ou partielle, est également interdite sans autorisation de l'éditeur.

©2011 CFSL INK, 44 rue du Château d'eau 75010 Paris
CFSL INK est une filiale d'Ankama Éditions

www.cfsl-ink.com